AF250676

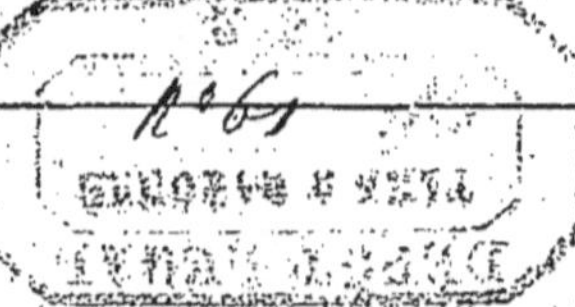

HOMMAGE

RENDU

A LA MÉMOIRE DE M. P.-F. JALAGUIER,

PROFESSEUR DE DOGME

A LA FACULTÉ DE THÉOLOGIE PROTESTANTE

DE MONTAUBAN.

Publié par la Faculté.

MONTAUBAN,

IMPRIMERIE FORESTIÉ NEVEU, RUE DU VIEUX-PALAIS, 23.

—

1864.

HOMMAGE

RENDU

A LA MÉMOIRE DE P.-F. JALAGUIER.

M. le professeur Jalaguier, qui avait occupé pendant près de trente années la chaire de dogmatique à la Faculté de Montauban, a été enlevé, par une courte maladie, à sa famille, à ses amis et à l'Église, le 22 mars, à 6 heures du soir. Au milieu des temps difficiles que nous traversons, et des vides multipliés qui se font parmi nous, une telle perte sera vivement et douloureusement sentie. M. Jalaguier était un de ces hommes de foi, malheureusement trop rares aujourd'hui, en qui l'Évangile s'incarne, pour ainsi dire, et qui joignent à l'autorité de la science, l'autorité plus grande encore d'une vie parfaitement conséquente avec elle-même, et entièrement dévouée à l'avancement du règne de Dieu dans les âmes. Tous ceux qui l'ont connu ont été frappés de cette sérénité admirable, de cette douce bienveillance, de cette paix profonde du cœur, de cette charité à la fois tendre et ferme, qui formaient le fond de son caractère et de sa vie; tous ceux qui l'ont approché ont été contraints d'avouer que la foi chrétienne est une puissance, que la communion avec le Seigneur Jésus-Christ est une réalité, et que l'Évangile est une vertu sanctifiante qui pénètre et anime la vie tout entière.

M. Jalaguier était universellement apprécié et aimé parmi nous. Nous n'en voulons d'autre preuve que l'empressement ému de la foule d'amis qui sont venus lui rendre un dernier hommage en accompagnant sa dépouille au lieu du repos. M. le pasteur Molines, président du Consistoire de Montauban, a été l'interprète de la pensée de tous en choisissant pour texte de son allocution, dans la maison mortuaire, ces paroles du Psalmiste : « Prends « garde à l'homme intègre et considère l'homme droit, car « la fin d'un tel homme est la paix. » (Ps. xxxvii, 37). Il a rendu un juste hommage à la vie si dignement remplie d'un homme qu'il appelait, avec raison, un homme de foi et de bien, et il a imploré ensuite les consolations d'en Haut sur la maison où la mort vient de faire un vide si douloureux.

Le cortége s'est alors mis en marche pour se rendre à la sépulture de famille où reposaient déjà la compagne de M. Jalaguier et un petit-fils que le Seigneur avait ravis, il y a un an à peine, à son affection. MM. les professeurs de la Faculté, revêtus de leurs robes, ouvraient la marche; puis venaient MM. les étudiants; le deuil était conduit par le fils du défunt, et de nombreux amis, accourus de toutes parts, formaient le cortége.

M. le professeur de Félice a pris le premier la parole en ces termes, au bord de la tombe :

Messieurs et Frères,

S'il est juste de rendre à ceux qui nous sont enlevés par la mort un dernier hommage d'affection et de regret, combien ce devoir n'est-il pas encore plus grand, plus solennel, quand nous avons perdu un frère, un ministre de l'Évangile, un professeur, un ami tel que M. Jalaguier !

J'éprouve cependant quelque hésitation à dire tout ce qu'il était et tout ce qu'il valait. Son humilité était si profonde, qu'il me semble que s'il pouvait élever la voix dans cette funèbre cérémonie, il inviterait ses amis à supprimer les expressions, même les plus méritées, de respect et de louange. Mais il s'agit surtout, en ce moment, de servir la cause de la vérité, et de puiser dans la vie de notre frère de précieuses leçons pour nous-mêmes. N'en est-ce pas assez pour nous donner le droit de rendre pleine justice à sa mémoire !

Le premier trait que nous voulons signaler en M. Jalaguier est sa foi constante et ferme aux doctrines essentielles de la révélation chrétienne. Dès ses jeunes années, comme étudiant, il les avait déjà reçues dans son cœur, et s'efforçait d'y être fidèle dans ses actes. Il n'a point varié depuis lors. Ses croyances, fondées sur son expérience personnelle, en même temps que sur l'enseignement du Christ et des apôtres, se sont maintenues sans altération sensible, et tandis que le flot mouvant des systèmes humains se soulevait, grondait autour de lui, il est resté inébranlable sur le rocher des siècles où de bonne heure il s'était assis.

Il savait tenir compte, sans doute, de la diversité des hommes et des temps. Il étudiait, d'un œil attentif, quelquefois inquiet, toujours impartial, les travaux des sciences contemporaines dans la théologie et la philosophie. Mais si quelques-unes de ses opinions en furent peut-être modifiées, le fond de sa foi n'en était pas atteint. Il gardait, comme son plus précieux trésor, la doctrine, la piété de nos pères, et certainement si l'un des professeurs de l'ancienne université de Montauban avait pu revenir au monde et l'entendre, il aurait reconnu en lui, avec d'inévitables variations sur quelques points secondaires, son légitime successeur et son digne héritier. M. Jalaguier a été l'un des anneaux de cette longue chaîne de traditions saintes qui nous unissent à la réformation de Calvin, et par elle à l'Église apostolique.

Ses élèves, maintenant épars dans toute la France protestante, peuvent en rendre témoignage. Ils n'ont pas oublié tout ce qu'il y avait de positif, d'exact, de solide et de vivant dans les leçons de leur vénéré maître ; et combien d'entre eux, s'ils nous racontaient leur histoire intime, déclareraient qu'ils lui doivent, après Dieu, la fidèlité et la fermeté de leurs convictions ! N'admirerons-nous pas ici quel grand bien un seul homme est capable d'accomplir, avec le double appui de la grâce d'en Haut et de sa piété ? Depuis près de trente ans, voici des pasteurs, nourris à l'école du professeur de dogme, qui ont été enseigner, propager au loin la sainte doctrine qu'ils avaient recueillie, et par elle réveiller les âmes dans nos Églises. Oh ! qui nous dira tout ce que le règne de l'Évangile y a gagné, tout ce qu'il doit y gagner encore dans la suite de nos générations ?

Ce qu'était M. Jalaguier dans son enseignement public, il ne cessait jamais de l'être dans ses relations privées, et la fidélité de son exemple ajoutait beaucoup à celle de sa parole. Tous ceux qui l'ont connu attesteront que ses entretiens se tournaient naturellement, comme par la pente instinctive de son âme, vers les choses saintes. Il y venait, il s'y concentrait sans l'avoir prémédité, presque sans le savoir. Là se résumait sa vie même : on le sentait immédiatement auprès de lui, et le chrétien confirmait puissamment le docteur. Quel est celui de nous qui, après avoir conversé avec M. Jalaguier, ne fût-ce qu'une demi-heure, du moins lorsqu'il était libre de se livrer à sa propre impulsion, n'en soit revenu plus sérieux, plus disposé à rechercher les réalités du monde invisible ? Qu'on y prenne garde : il y a là une force que rien ne saurait remplacer, ni la science, ni l'art oratoire, et qui, à la longue, fait plus que tout le reste.

Avons-nous besoin d'ajouter que ce qui dominait dans les entretiens de notre ami se montrait également dans ses actes. Ne traçons point un idéal, ne prononçons point un panégyrique : toute créature humaine a ses côtés faibles et ses infirmités. Mais c'est justice et non exagération de dire que la manière d'être, de sentir, d'agir de notre ami sanctionnait aux yeux de tous la foi de son cœur, les paroles de sa bouche. Nous en indiquerons une preuve qui, peu significative au premier abord, nous paraît la plus décisive : c'est que les personnes qui l'approchaient de plus près sont précisément celles qui le respectaient le plus. Comment caractériser la profonde vénération dont il était entouré au foyer domestique, de la part de ses enfants et petits-enfants ? Et au-delà du cercle de famille, comment exprimer le respect constant de ceux qui avaient le privilége de vivre dans son commerce ! Après ses collègues, dont la voix unanime appuiera notre affirmation, nous en attestons de nouveau les jeunes gens qui, pendant des années, sont venus s'asseoir au pied de sa chaire. Le professeur était pour eux honorable et honoré ; mais l'homme même, le serviteur de Christ, toujours d'accord dans sa conduite avec le maître de dogmatique, ne l'était pas moins, et, en se réunissant, le professeur et l'homme commandaient la vénération.

On pouvait bien n'être pas toujours de son avis, mais il était impossible de méconnaître que cet avis, quel qu'il fût, n'eût été inspiré par un principe de foi et par le sentiment du devoir. Aussi, lors même que l'on jugeait convenable de ne point s'y ranger, on interrogeait sa propre conscience avant de le combattre, afin d'y apprendre si l'on avait de légitimes raisons de ne pas s'accorder avec lui.

Ces souvenirs nous amènent à exposer un autre trait du caractère de M. Jalaguier, qui semble offrir un contraste peu explicable, mais qui se montrait dans ses sentiments et dans ses actes avec une merveilleuse harmonie. Notre collègue était tout à la fois très-humble et très-ferme, d'une douceur, je dirai même d'une débonnaireté sans égale ; et d'une virilité, d'une énergie qui ne fléchissait point. Quand les intérêts de la foi lui paraissaient engagés dans une

question, chacun était assuré d'avance qu'il ne les ferait
céder à aucune considération, à aucun motif, quelque puis-
sant qu'il fût.

M. Jalaguier n'était point entreprenant, point envahissant.
Il évitait la lutte ; il subissait quelquefois la controverse,
mais sans l'aimer, sans la poursuivre. Sa nature haute et
calme l'engageait, non à fermer les yeux sur les conflits,
mais à les contempler de loin, debout sur le rivage, comme
un spectateur intelligent, sympathique à tous ceux qui af-
frontent les coups de la tempête, mais ne se précipitant pas
lui-même au milieu des flots. Il se confiait en la puissance
et la bonté de Celui qui gouverne toutes choses, et qui tient
les cœurs des hommes dans ses mains souveraines. Mais
cette résignation n'était point de l'apathie, ni de l'indiffé-
rence, encore moins de la faiblesse, et l'on pouvait s'en
convaincre quand il était appelé, sur son terrain, dans les
limites où il s'arrêtait, à soutenir les droits de son maître
et de son Dieu. Oh ! alors il déployait un zèle, une ardeur,
un renoncement, un courage que rien, que personne au
monde n'aurait pu ébranler.

Qu'arriverait-il si de tels hommes étaient plus nombreux
dans nos Églises ? On y entendrait moins de débats, sans
doute, mais on y verrait plus de dévouement. On y ferait
moins de bruit, et plus de bien. Les passions y seraient
moins excitées, et les consciences mieux écoutées. Quelquefois, peut-être, on croirait qu'il y règne un trop grand si-
lence, mais on reconnaîtrait bientôt que la vérité s'y est for-
tifiée et l'obéissance à Dieu raffermie. Je vois plus facilement
ce qu'on y pourrait gagner que ce qu'on y perdrait. Du reste,
ne demandons pas ce qui ne saurait exister. La diversité des
esprits, des caractères et des conduites correspond au plan
général et permanent de Celui qui est plus sage que nous.

Je voudrais pouvoir accompagner M. Jalaguier aux différentes époques de sa vie. Mais il est des particularités que
je ne connais point, celles de sa carrière pastorale, par

exemple, et il en est d'autres qui prolongeraient trop ce discours.

(Ici l'orateur retrace les services rendus par M. Jalaguier, comme prédicateur, à l'époque où sa santé lui permettait de monter en chaire ; comme moniteur dans les écoles du dimanche, où, laissant de côté la théologie, il savait se mettre à la portée des plus humbles intelligences, comme fondateur de la Maison d'Orphelines, où il donnait l'instruction aux élèves avec une assiduité rare et une sollicitude toute paternelle ; puis il continue :)

Je n'ai pas encore parlé de M. Jalaguier comme écrivain : mais là aussi il a déployé des qualités remarquables. Nos journaux religieux, le *Semeur* entre autres, ont été enrichis de plusieurs de ses articles. Il a publié lui-même, de concert avec notre ancien collègue, M. Encontre, une *Revue théologique*, où les principales questions de doctrine et de discipline ecclésiastique étaient développées avec autant de mesure que de solidité, œuvre trop tôt interrompue par la modestie de l'auteur, qui mettait le même soin à éviter la célébrité que d'autres à l'obtenir. En 1848, notre ami fut l'un des premiers, en France, à combattre les trompeuses théories du socialisme, et il le fit au nom de cette sainte Parole qui a d'avance réfuté toutes les grandes erreurs, parce qu'elle a proclamé toutes les vérités essentielles à la vie des sociétés humaines. L'apologétique en particulier, une apologétique assez savante pour convaincre les intelligents, et assez populaire pour être à la portée des hommes les moins lettrés, a été l'objet des travaux de notre collègue ; et dans ces derniers temps il a fait paraître un petit volume sur l'inspiration et l'autorité des saints Livres, comme si, du bord de la tombe, et à l'entrée de l'éternité, il avait voulu affirmer, d'une voix encore plus solennelle, les croyances qui ont fait la dignité et la force de sa vie tout entière !

Les jours si rapidement écoulés de sa dernière maladie ont été marqués par un redoublement de ferveur, de prières

et d'espérances. Il se faisait lire les Écritures de nos canti-
ques les plus pieux ; il s'y associait du fond de son cœur et
y puisait cette suprême sérénité qui ne se trouve que dans
les immuables promesses de la foi. Ce ne serait pas assez de
lui appliquer le mot d'un illustre orateur, qu'il fut doux
envers la mort, on peut dire qu'il lui fut reconnaissant. Il
tendait les mains au sépulcre, parce qu'il voyait au-delà de
ses ténèbres la lumière du ciel où toute son âme aspirait.
Plus d'une fois on l'a entendu demander si le jour du délo-
gement ne viendrait pas bientôt pour lui. Ah ! disons-le bien
haut, et disons-le tout bas à notre propre cœur : de tels
sentiments, de tels spectacles relèvent et fortifient. On com-
prend mieux alors que la vraie foi, la foi des anciens et
des modernes confesseurs n'est pas encore bannie de la
terre, et que dans cet âge où le scepticisme se vante d'avoir
tout envahi, il reste à l'Évangile de notre Dieu-Sauveur
une vertu qui égale celle de ses plus glorieux triomphes.

Nous avons besoin de nous retremper à ces sources de la
piété. Il y a dans l'atmosphère qui nous environne je ne
sais quoi d'énervant et de dissolvant, qui menace de faire
chanceler les convictions les plus fortes. Allons apprendre
comment les chrétiens savent mourir, afin d'y apprendre
aussi comment on doit vivre.

Nous en avons besoin, ai-je dit, et ma pensée se reporte
en ce moment sur les vides qui se sont faits, depuis bien
peu de temps, dans notre corps pastoral et dans nos Églises.
Combien de nos frères qui, à la même époque de l'année
dernière, pouvaient compter encore, à vue humaine, sur de
longs jours, et qui ne vivent plus au milieu de nous que par
la mémoire de leur fidélité et de leurs services ? Notre ami
vient d'ajouter son nom à cette liste funèbre. Et après lui !
Après lui, nous, qui ne le suivions pas de bien loin dans le
nombre des années. Nous-mêmes, et qui sera-ce ? « Seigneur, est-ce moi ? » demandait chacun des apôtres dans
des circonstances différentes. Est-ce moi ! Oui, ce sera toi,

ou plutôt qu'importe que tel autre passe avant toi ! La diffé-
rence ne sera toujours que de peu , et la voix de la pré-
voyance, comme celle de l'Évangile , nous crie de nous tenir
prêts.

Mais une réflexion non moins grave me saisit, et je veux
l'exposer en terminant. Voilà les vides : où sont les hommes
qui viendront les bien remplir ? Je vois les fidèles et les forts
qui partent : où sont les fidèles et les forts qui arrivent ?
Non , je ne prononcerai point la parole du découragement.
Non, je ne puis, je ne dois pas la prononcer en face de la
dépouille mortelle de ce frère qui a toujours espéré , parce
qu'il a toujours été croyant. « Le Seigneur y pourvoira : »
c'est le mot du sacrifice et celui du courage. Son bras n'est
point raccourci , ni son amour affaibli. Il y pourvoira , mais
à une condition , c'est que nous soyons ouvriers avec Dieu.

Nos devoirs s'agrandissent en même temps que nos
épreuves, et du même coup. Nos devoirs personnels, pre-
mièrement ; soyons plus fermes dans la foi, et plus dévoués
à sa cause, qui est la nôtre. Les devoirs de l'Église ensuite ,
et des Conseils qui ont reçu mission de la garder et de la
protéger. L'œuvre est importante et difficile ; que les bons
travailleurs se multiplient et se consacrent plus résolûment
à faire ce qu'ils ont à faire !

Pour nous , avant d'adresser un suprême adieu ici-bas à
notre cher et vénéré collègue, nous n'avons qu'un seul vœu
à exprimer , c'est que sa chaire soit occupée par un homme
qui le continue et qui mérite, au terme de sa carrière , de
lui être comparé.

Après M. de Félice, l'un de MM. les étudiants, M. Cazalis,
se faisant l'interprète des sentiments et des regrets de tous
ses condisciples, a dit :

MESSIEURS ET FRÈRES,

Après les hommages qui viennent d'être rendus à la
mémoire sainte de notre cher et vénéré professeur, qu'il

me soit permis de lui dire un suprême adieu. A ma voix s'associent celles de tous mes condisciples qui viennent ici mêler leurs regrets à mes regrets.

Nos cœurs sentent la perte qu'ils viennent de faire, car la mort, en nous enlevant un respectable professeur, nous a aussi enlevé un ami, un véritable ami. Nous trouvions en lui l'affection d'un père, et, à notre tour, nous l'aimions.

Lorsqu'il était au milieu de nous, et que, surtout préoccupé du salut de nos âmes et du bien de nos Églises, il s'adressait à nos cœurs, il nous faisait entendre de paternels avertissements. Sa parole ferme et pénétrante trouvait en nous un écho salutaire, et nous admirions cette foi ardente et cette parfaite confiance en Dieu qui l'a soutenu jusqu'à sa dernière heure : nous l'aimions !

Il était bien doux de s'entretenir avec lui ; ces lieux mêmes, où nous lui rendons les derniers devoirs, furent les témoins des entretiens intimes ; et nous pouvions trouver en lui un cœur toujours ouvert, une âme pleine de sollicitude et d'affectueux intérêt ! Sa bonté, sa douceur et son admirable sérénité portaient à la fois dans notre esprit le contentement et la joie ; nous nous sentions meilleurs auprès de lui, mieux disposés à bien faire, et nous éprouvions alors l'influence sanctifiante qu'exerçait sur nous l'âme pure de celui qui vient d'être enlevé à sa famille et à notre affection.

Notre cher et savant professeur nous avait dirigés longtemps ; nous espérions que sa voix pourrait encore se faire entendre parmi nous ; nous avions besoin de ses conseils ; nous l'aurions désiré, mais Dieu en a décidé autrement, et nous n'avons plus, hélas ! qu'à pleurer son départ. Pourtant, dans cette heure cruelle de séparation, un sujet de joie chrétienne reste encore à ceux qui l'ont connu : il repose auprès de son Père, dans le royaume du Sauveur qu'il aima toute sa vie. Et si notre ami n'est plus auprès de nous pour nous aider de ses directions paternelles, l'exemple de ses vertus nous est laissé. Amis et frères, que le souvenir de la charité profonde de M. Jalaguier soit toujours gravé dans nos cœurs, et que nos efforts tendent à l'imiter !

Cher et regretté professeur, nous vous disons aujourd'hui adieu ; mais, pleins de confiance dans la miséricorde de Dieu, nous vous disons aussi au revoir ! oui, au revoir, car l'Ecriture enseigne que si notre habitation terrestre sous cette tente est détruite, nous avons un édifice qui vient de Dieu, une demeure éternelle et qui n'a point été faite de main d'homme ; adieu !

M. Léon de Maleville, s'approchant alors des bords de la tombe, a rendu, au nom des membres laïques de l'Église, l'hommage suivant à la mémoire de M. Jalaguier.

MESSIEURS ET CHERS FRÈRES,

Ne vous étonnez pas qu'une voix laïque et sans autorité s'élève du milieu des fidèles qui se pressent autour de cette tombe, pour rendre un dernier hommage à l'homme de bien qu'elle va renfermer.

M. Jalaguier appartenait de trop près à notre Église, et par les débuts de sa carrière et par les travaux les plus importants de sa vie, pour qu'elle ne porte pas témoignage de ses vertus et de ses services. C'est en son nom, et pour exprimer sa reconnaissance, que je vous retiens quelques instants encore devant ce cercueil.

On vient de vous raconter la vie de M. Jalaguier, ses travaux et les heureux fruits de la sainte mission qu'il a été appelé à remplir en ce monde. Pasteur des âmes, il les a édifiées et nourries de la Parole de Dieu ; professeur de nos jeunes lévites, il les a initiés aux saintes doctrines du Christianisme sous la double influence d'une foi sincère et d'une piété éclairée.

Elevé parmi nous, il sortit de notre Faculté comme un des plus brillants élèves; il y rentra comme un de ses professeurs éminents. Ce n'est pas à moi, sans doute, qu'il appartient de dire les services qu'il y a rendus, et l'hommage qui vient de lui être adressé au nom de ses élèves m'en dispenserait au besoin. Tous vous diraient ce qu'ils doivent à la profondeur de ses enseignements, à la communication de sa foi, à l'heureuse contagion de son zèle. Ils admiraient en lui le maître de la science et vénéraient le confesseur de la foi! Que de témoignages lui ont, souvent, été rendus devant moi par ceux dont il avait encouragé les efforts, raffermi les convictions chancelantes et ranimé la ferveur prête à s'éteindre! La gravité de son esprit toujours sérieux et réfléchi, tempérée par l'aménité de sa bienveillance, imprimait autant de respect qu'elle inspirait d'attachement. Sa science, exempte d'orgeuil et de subtilité, n'avait ni la présomption qui la rend suspecte, ni le faste qui la rend si dédaigneuse. Elle s'imposait par la lucidité de l'exposition, par la solidité des principes, par la réserve et la modestie des décisions.... Il enseignait, il professait ce qu'il avait toujours prêché, à savoir : Jésus-Christ et Jésus-Christ crucifié. Aussi était-il écouté, aimé, et, comme vient de le dire un de ses collègues, vénéré de ses élèves, oui, vénéré, le mot n'est que juste. J'étais séparé par bien peu d'années de l'âge de M. Jalaguier, et je puis presque dire que je l'ai connu sur les bancs de l'école ; et pourtant je n'approchais jamais de lui sans éprouver un sentiment de respect profond, sans lui rendre cet hommage involontaire que nous rendons tous, bons ou mauvais, à la supériorité morale des hommes d'élite que nous abordons. Quel respect devait-il inspirer à ceux qui, chaque jour, pouvaient apprécier de plus près que moi les dons heureux d'une nature aussi élevée, et qui puisaient dans le sentiment même de leur admiration celui d'une profonde reconnaissance!

Puisse l'heureuse influence qu'il a exercée sur ces jeunes esprits se fortifier par le souvenir, et continuer ainsi, même au-delà du tombeau, l'œuvre qu'il a si bien remplie! Puisse-t-il surtout être dignement remplacé! Oui, mes frères, faisons des vœux pour que le maître chargé d'enseigner après lui le dogme chrétien, puisse dire aussi sincèrement que lui, en finissant à son tour:

« J'ai combattu le bon combat; j'ai achevé ma course; « j'ai gardé ma foi. » (IIe Epitre à Timothée, iv, 7.)

M. Montet, doyen de la Faculté, s'est avancé à son tour, et d'une voix que l'émotion rendait tremblante, il a dit:

Messieurs, Chrétiens et Frères,

Il y a trente-huit ans, quatre hommes jeunes, pleins de force et de vie, se disputaient l'honneur de faire partie de la Faculté de théologie protestante de Montauban. Trois d'entre eux ont successivement obtenu le poste qu'ils ambitionnaient. L'un d'eux est tombé à un âge peu avancé, à une époque où il devait encore rendre de longs services aux Églises réformées de France. Avant et après lui ont été frappés à mes côtés, à des époques plus ou moins éloignées, quelques-uns dans l'âge de la force, sept professeurs, mes collègues, mes amis et mes frères; et aujourd'hui, aux bords d'une tombe qui me dit, avec une si poignante énergie, combien rapidement s'approche l'heure de déloger, combien seront courts, désormais, les jours qu'il me sera donné de passer sur cette terre, vieux débris, seul debout de si nombreux naufrages, je suis appelé à dire le dernier adieu à un collègue auquel, pendant trente ans, m'unirent des travaux communs.

Je ne vous retiendrai pas longtemps autour de cette tombe subitement ouverte: mes forces et mon émotion me trahiraient également, si je voulais vous exprimer les sentiments qui se pressent dans cet instant, en foule, au-dedans de moi. Je ne vous redirai pas ce qui rend notre perte si douloureuse, les hautes qualités, les douces vertus, les travaux utiles du collègue que nous pleurons : on vient de vous en présenter le tableau, et en vous répétant ce juste hommage auquel mon cœur s'est associé avec abandon, il me semblerait voir son humilité chrétienne s'alarmer de mes paroles. Je veux uniquement, en présence de ce spectacle de destruction et de mort, faire entendre ce cri de triomphe par lequel le chrétien affirme ses immortelles espérances. Ce sera vous rappeler les pensées, les sentiments, les émotions, les aspirations, les espérances dont se composait la vie la plus intime du frère que nous avons perdu. « Je suis la résurrection et la vie; celui qui croit en « moi vivra quand même il serait mort, et tout homme « vivant qui croit en moi ne mourra point pour toujours. « Le Christ a été fait les prémices de ceux qui dorment; « comme tous meurent en Adam, tous aussi revivront en « Christ. O mort! où est ton aiguillon? ô sépulcre! où est « ta victoire ? Gloire soit à Dieu, qui nous a donné la « victoire par Notre Seigneur Jésus-Christ. »

En disant adieu à notre ami, nous le dirons donc, non comme ceux qui sont sans espérance, mais en disciples de Celui qui a mis en évidence l'immortalité et la vie, mais en chrétiens qui, en rendant à la terre ce qui est de la terre, savent que tout ne meurt pas avec ce corps périssable; que si ce corps retourne à la poudre d'où il a été tiré, l'esprit retourne à Dieu qui l'a donné; que si cette tente dans laquelle nous habitons est détruite, nous avons dans le Ciel un édifice qui n'a point été bâti de la main des hommes, un édifice que Dieu lui-même nous a préparé.

Adieu, mon cher et digne ami ! adieu au nom d'une cité tout entière, à laquelle tu offris, pendant de longues années, le modèle de hautes et nobles vertus, qu'elle paie de son estime et de son respect !

Adieu, au nom de ces nombreux élèves que tu dirigeais

dans les voies de la science et de la piété! de ceux, plus
nombreux encore, qui sont entrés au service des Églises
réformées. Oui, au milieu de ces lévites que tu formas par
tes leçons, par l'exemple de ta foi et de ta confiance chrétienne, bien des cœurs t'aiment et te vénèrent : tu vivras
dans leur souvenir, et ils pleureront avec nous la fin
d'une existence que tu leur avais consacrée!

Adieu, au nom d'une famille que ta mort couvre d'un
deuil si profond, mais qui saura aller à la source de toute
véritable consolation; d'une famille dont tu étais encore
le soutien, mais que ta mémoire protégera, qu'elle guidera
dans les sentiers de la piété et de la vertu !

Adieu, au nom de tes collègues en deuil, qui pleurent le
vide profond que tu laisses au milieu d'eux, la privation
de tes lumières, de ton commerce doux et affectueux, qui
se plairont à évoquer souvent le souvenir de tes avis et
de tes conseils, à s'inspirer de ton esprit de modération
et de paix !

Et s'il m'est permis de venir le dernier, adieu au nom
d'une amitié, d'une estime réciproques de trente années,
qu'aucune prévention n'altéra jamais, et contre lesquelles
vinrent se briser les bruits souvent importuns et les
dissensions irritantes du dehors ; au nom d'une foi
commune, qui nous permit de nourrir les mêmes espérances, de travailler à la même œuvre, et dont un respect
mutuel, le profond sentiment de la liberté chrétienne,
couvrirent les différences inévitables !

Adieu, au revoir dans un monde meilleur, où les sépa-
rations déchirantes n'entreront point, où toute larme sera
essuyée !

Messieurs et frères, une pensée soudaine s'empare en
cet instant de moi, un vœu sort brûlant de mon cœur.
O mon digne et noble ami, combien ta perte, toujours si
regrettable, doit être plus péniblement sentie dans ces diffi-

ciles circonstances! Ah! puisse un rayon de cette lumière
éternelle, aux clartés de laquelle tu juges maintenant nos
mesquines passions, nos vaines luttes, nos déplorables
agitations, nos coupables discordes, nous montrer celui
qui doit remplir le vide que tu laisses au milieu de nous!
puissions-nous le chercher, non dans des vues étroites et
personnelles, dans un esprit de satisfaction propre, de
contention, de dispute, mais dans un sentiment de paix,
d'union et de concorde! Puisse cette paix des cieux, dans
laquelle tu te reposes maintenant auprès de ton Sauveur,
descendre dans nos âmes, et nous réunir tous d'un même
cœur et avec les sentiments auxquels il a déclaré qu'il
reconnaîtrait ses disciples, sous la bannière de Celui qui
fut avant tout lumière, paix et charité!

M. Prosper Jalaguier a pris enfin la parole pour remer-
cier ceux qui venaient ainsi d'exprimer les sentiments de
tous, et s'adressant à MM. les étudiants, pour lesquels son
père avait toujours eu une affection si profonde : « J'ai
« trouvé, leur a-t-il dit, dans les papiers de mon père des
« notes qui montrent qu'il a connu, lui aussi, les combats
« et les luttes. Et savez-vous où il a trouvé la force et le
« triomphe? Dans l'Évangile. Le secret du bonheur, me
« disait-il il y a quelques heures, est dans l'accomplisse-
« ment du devoir sous le regard de Dieu! N'oubliez pas
« cette parole, Messieurs. » Puis, M. Jalaguier a adressé
un dernier adieu à son père, et les sanglots ont étouffé
sa voix. Tous ceux qui étaient là versaient des larmes
comme s'ils avaient aussi perdu leur père.

Que le souvenir de ce juste demeure comme une béné-
diction après lui, et que le Seigneur envoie à sa place
celui qu'il doit envoyer!